AF226697

MONOGRAPHIE

DU

CHATEAU DE DERCIE

(CHARENTE - INFÉRIEURE)

PROPRIÉTÉ DE M. JUNIEN SORIN

PAR

M. l'Abbé C. GELÉZEAU

Curé de Saint-Sornin

Membre de la Société des Archives historiques de la Saintonge et de l'Aunis

AVEC ILLUSTRATIONS

DE M. ANTOINE DUPLAIS DES TOUCHES

Membre de la même Société

———

EN VENTE CHEZ L'AUTEUR AU PRIX DE **2** FRANCS

LA ROCHELLE

Imprimerie Rochelaise, O. Pic, rue Chef-de-Ville, 8

—

1897

CHATEAU DE DERCIE

LA ROCHELLE, IMPRIMERIE ROCHELAISE O. PIC

MONOGRAPHIE

DU

CHATEAU DE DERCIE

(CHARENTE-INFÉRIEURE)

PROPRIÉTÉ DE M. JUNIEN SORIN

PAR

M. l'Abbé C. GELÉZEAU

Curé de Saint-Sornin

Membre de la *Société des Archives historiques de la Saintonge et de l'Aunis*

AVEC ILLUSTRATIONS

DE M. ANTOINE DUPLAIS DES TOUCHES

Membre de la même Société

EN VENTE CHEZ L'AUTEUR AU PRIX DE **2** FRANCS

LA ROCHELLE

Imprimerie Rochelaise, O. Pic, rue Chef-de-Ville, 8

1897

MONOGRAPHIE

DU

CHÂTEAU DE DERCIE

(Charente - Inférieure)

CHAPITRE PREMIER

Le Château

Le château de Dercie (commune du Gua) s'étend de la route de Saujon à Rochefort au village qui porte ce nom. Il contient environ quarante hectares de propriété. Le logis, qui en est la portion la plus intéressante, semble dater, en certaines parties, du douzième siècle. Quoique peu de chose reste des constructions primitives, on peut, grâce à l'intelligente restauration apportée par les soins du propriétaire actuel, M. Sorin, membre de la *Société des Archives historiques de la Saintonge et de l'Aunis*, donner à chacune de ces parties une mention spéciale.

Le mur d'enceinte existant encore du côté ouest mesure quatre mètres de hauteur. Un chemin de ronde permettait au châtelain de se défendre contre toute attaque extérieure. Ce chemin est à une hauteur de 2^{m}10 et devait donner accès aux machicoulis. Peu à peu, les mœurs s'adoucissant, la construction de granges devint plus nécessaire que celle des travaux de défense, et ainsi, à la place de créneaux, nous voyons de vastes servitudes, adossées aux remparts sud et ouest. La largeur des murailles peut nous édifier sur la solidité de cette enceinte seigneuriale.

Au sud du mur d'enceinte se trouvaient deux bastions. C'est, en effet, le côté qui regarde la Seudre, et le château de Dercie dut servir, comme toutes les forteresses de la côte, à préserver les habitants de toute incursion ennemie qui eût pu se produire du côté de la mer. Les fondations de l'un des bastions, que de récentes réparations ont mises à jour, donnent une idée de l'importance de ce travail de défense. Ils étaient ronds et mesuraient dix-neuf mètres de circonférence.

Les meurtrières sont élevées au-dessus de l'endroit

qu'elles défendent. L'amortissement est formé par
une portion de voûte, dont la courbe est calculée de
manière à rencontrer toujours un trait lancé d'en
bas et à l'extérieur, à portée ordinaire. Leur centre
agrandi forme un trou circulaire. A noter aussi, le
long des remparts, en entablement, des pierres ser-
vant de gargouilles.

La porte d'entrée forme un massif de 1 mètre
d'épaisseur sur 10m95 de hauteur et 3m50 de largeur.
Elle est voûtée en berceau. Du pont-levis, rien, pas
même les corbeaux ou trous. La forme de l'arc, qui
est un segment de cercle, permettrait de fixer au
douzième siècle la date de la construction. A droite
de la porte, l'on remarque les vestiges d'une ancienne
tour. Des consoles au-dessus de l'arc devaient sup-
porter primitivement quelque moyen de défense;
mais, peu à peu, les incursions devenant de moins en
moins fréquentes, le châtelain de Dercie fit construire
une galerie découverte, dont le mur d'appui est orné
de colonnes et pilastres d'ordre composite. La hauteur de ces colonnes est de 0m80. On arrive à cette
galerie par un escalier double de vingt-sept marches.
Ce n'était pas, d'ailleurs, la seule galerie du château,
et tout le rempart du côté est, anciennement fermé de
créneaux et de machicoulis, était devenu une magni-
fique terrasse entourée d'une balustrade. De cette
longue promenade de 105 mètres, il ne reste plus
que 42m10 de longueur sur 4m60 de largeur. Les
récents travaux d'appropriation protégeront ce qui

subsiste, et, en particulier, les voûtes sous lesquelles s'étendent des couloirs vastes et longs.

N'oublions pas de mentionner l'échauguette placée en encorbellement à l'angle est, et dont il ne reste plus que le cul-de-lampe.

A noter encore une porte, précédemment propriété de M. Turpeau, et sur laquelle se lit l'inscription suivante :

MARIE DENOLIERS V. DE RENÉ DE SAINCT-LÉGER
MA FAIC CONSTRUIRE CETTE ANNÉE 1611.

Cette porte, remise au logis d'où elle avait dû être distraite, permet de donner la date de la reconstruction du château de Dercie ; à défaut d'inscription, le fronton de la porte suffirait.

Rien ne demeure de l'ancienne maison seigneuriale. Le logis actuel, construit sur des caves, qui ne sont pas sans intérêt par la solidité de leurs voûtes, date des premières années de notre siècle (1805).

Les douves du château existent encore de deux côtés. Elles ont une longueur de cent cinquante mètres et une largeur de cinq mètres. Aujourd'hui même, l'eau n'y manque pas ordinairement. Alimentées par une fontaine voisine, située sur la propriété, elles sont loin d'être un foyer pestilentiel. Les femmes du village s'en servent communément pour le lavage.

CHAPITRE II

La Seigneurie de Dercie

La seigneurie de Dercie comprenait la paroisse de ce nom, qui n'était pas encore, comme aujourd'hui, un village de peu d'importance. Dercie fut, en effet, autrefois, un centre de transactions commerciales fort actives, et son port servait de débouché aux populations riveraines de la Seudre.

Masse écrivait : « Le bourg et le château de Dercy est distant de la rivière de Seudre de 800 toises au nord-est ; il y a un bras du chenal de cette rivière qui va jusqu'à Dercy où il y a un port considérable où se charge quantité de bois à brûler et autres marchandises qui descendent par la Seudre dans un pays fort uni, assez boisé en taillé.

» Le bourg de Dercy a été autrefois joly ; il y a d'assé bons marchands, la paroisse est fort petite, ils sont presque tous catholiques, aussy son église ne paroit point avoir été ruinée par les guerriers de la religion. Son château est enceint d'assé bons murs, avec un chemin de ronde, avec un parapet percé de créneaux ; il n'est pas autrement flanqué ; il appar-

tient à un gentilhomme de même nom. L'on conte
(*blanc*) feux (1)... »

Son importance commerciale et sa valeur straté-
gique, Dercie les devait à son heureuse situation près
de la Seudre.

La Seudre, ou plutôt, selon Danville, Bourignon et
La Sauvagère, *le* Seudre, reçoit son nom d'un petit
ruisseau qui prend sa source à Borion, près Plassac,
et vient se jeter, à Saujon, dans le bras de mer qui
pénètre dans les terres jusqu'à ce point.

La longueur de ce bras de mer est de vingt-cinq
mille mètres, sa profondeur de quatre à dix mètres,
sa largeur moyenne, au niveau des mortes eaux, de
sept à huit cents mètres, et de douze à quinze cents
dans les grandes marées. Il se rétrécit surtout à partir du chenal de Liman et de Dercie.

Le chenal de Dercie aboutissait à un port admet-
tant encore au commencement du siècle des bâtiments
de soixante à quatre-vingts tonneaux, dans les grandes
marées ; mais déjà Le Terme, à qui nous empruntons
ces renseignements, parlait de l'urgence qu'il y avait
à dégager le gravier et les pierres dont le chenal
était encombré à partir de deux cents mètres du pont.

(1) Manuscrit 501, f° 92, de la Bibliothèque municipale de
La Rochelle. C'est de Masse qu'est le plan de Dercie que
nous reproduisons. En le comparant avec celui du château
actuel, on peut voir quels sont les changements survenus,
les modifications apportées, les restaurations et appropria-
tions faites durant les deux derniers siècles, et notamment
au commencement du dix-neuvième.

« ... En 1782 encore, l'établissement d'un port à
l'extrémité supérieure du chenal de Dercie était jugé

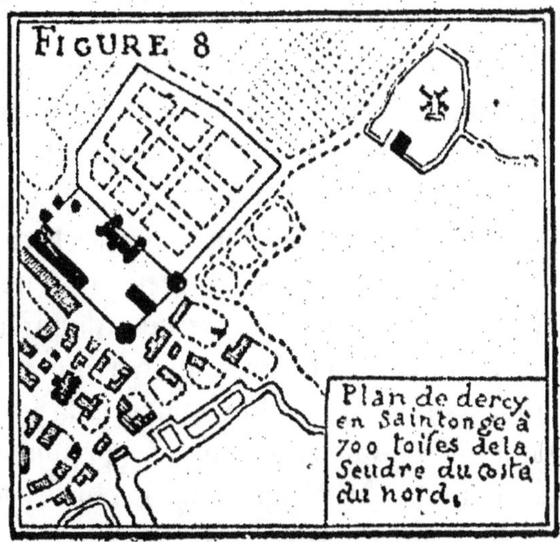

PLAN DE DERCIE

Ce plan, œuvre de l'ingénieur Claude Masse, date du
commencement du xviii° siècle, vers 1710-1720

absolument nécessaire dans le projet de M. de Reverseaux, à l'effet de faciliter l'exportation des bois,
vins, eaux-de-vie, chaux et autres denrées des
diverses communes dont le chenal est l'unique débouché. Dans les plans du marquis de Reverseaux, le canal
de dessèchement déjà ouvert du ruisseau de La Palue
à Dercie (sur une longueur de 1.717 toises) commu-
niquait au chenal de Dercie par un nouveau canal de

navigation de 287 toises de long, pourvu d'une gare et cale d'embarquement et de larges levées, bordées de contre-fossés, destinées au dépôt des marchandises.

» Au point de jonction de ce canal avec celui de dessèchement, une écluse-pont devait retenir et employer au dragage du port toutes les eaux de ce dernier écours.

» Le canal de navigation, avec ses levées et contre-fossés, était terminé, et les pierres nécessaires à l'écluse-pont rendues sur les lieux, quand la Révolution survint et arrêta tous les travaux. Depuis cette époque, l'importance de ce port et la grande économie que présentaient les anciens matériaux déjà sur place, pour la construction de l'écluse, en ont vainement réclamé l'achèvement. Ces matériaux, volés, dispersés ou jetés dans le canal, sont restés sans emploi, et le port, non moins envasé que le canal de dessèchement, devenu impraticable, ne sert plus, comme lui, qu'à rappeler le génie et les vues bienfaisantes de M. de Reverseaux. »

Ainsi parlait Le Terme en 1829. Aujourd'hui, le chenal qui conduit à la Seudre a bien quatre kilomètres, et l'écluse est à quatre-vingts mètres du château, aussi ce que craignait Le Terme est arrivé, et le village qui entoure le logis inhabité n'a plus guère que cinquante feux.

L'ancienne paroisse, qui relevait de l'archiprêtré de Corme-Royal, au diocèse de Saintes, fut supprimée à la Révolution, et, lors du remaniement des nouvelles paroisses, Dercie ne fut plus qu'une portion de celle du Gua. L'église paroissiale subsiste encore : c'est une chapelle de secours desservie par le curé du Gua.

Au point de vue administratif, Dercie appartient également à la commune du Gua, qui a ainsi absorbé les paroisses voisines de Monsanson et de Faveaux.

Dercie relevait, pour la plus grande partie, de la baronnie de Mornac. Dix vassaux relevaient de cette baronnie, en 1749 ; et, parmi les noms cités dans le manuscrit de Marie-Françoise Le Berthon de Bonnemie, épouse de Michel-César Boscal de Réals, baron de Mornac, nous lisons celui de Dexmier de Saint-Simon, dont il sera parlé ultérieurement.

Les vassaux de la seigneurie de Mornac, et, en particulier, celui de Dercie, tenaient leurs terres aux quatre principaux devoirs, c'est à savoir : « à sa chevalerie, à sa fille aînée, au passage d'outre-mer, si le dit seigneur passe, autrement non, et à lui aider tirer et rendre hors de prison, si le cas advenait qu'il fut pris des ennemis. »

Les quatre vassaux de Monsanson, L'Éguille, Dercie et du fief de Brie avaient droit de moyenne et basse justice, et les appels de leurs jugements se portaient devant le sénéchal de Mornac.

Le seigneur de Mornac était ainsi haut justicier des paroisses de Monsanson, Dercie, L'Éguille et du fief de Brie, c'est dire que le seigneur de Dercie ne pouvait connaître de tous les crimes et délits.

Le château de Mornac, dont les seigneurs commandaient aux quatre fiefs de Monsanson, Dercie, L'Éguille et Brie, se faisait remarquer par son importance. « Autrefois, il y avait une grosse tour au château de Mornac, qui était pour la défense des seigneurs de Mornac, lesquels nommaient un capitaine de la tour qui commandait à tous les habitants de Mornac, Breuillet, Dercie, Monsanson, l'Aiguille, Brie et à tous ceux qui relevaient de la baronnie. Le capitaine était exprès pour veiller à la défense des seigneurs, afin que les ennemis ne vinssent pas les surprendre, et, pour cet effet, faisait monter la garde par lesdits tenanciers, tous les jours, à l'entour de la tour et du château. »

Dercie ne relevait cependant pas entièrement de la baronnie de Mornac. En effet, François Guinot, écuyer, chevalier, seigneur de Dercie, rend hommage à Mme de Durfort de Duras, abbesse de Saintes, le 16 août 1735.

Le prieur de Sainte-Gemme devait aussi avoir certains droits honorifiques dans la paroisse, comme sur tous les bords de la Seudre. C'était lui qui présentait le curé à la nomination de l'évêque de Saintes.

La paroisse de Dercie, relevant de la baronnie de Mornac, ne faisait point partie du pays abonné. Le pays abonné, on le sait, comprenait trente-deux paroisses du district de Marennes, qui jouissaient d'un régime particulier, au point de vue de l'impôt, suivant une charte spéciale qui leur avait été octroyée. Les habitants de Dercie étaient donc soumis aux impôts généraux, tels qu'ils étaient payés dans toute la France, et, en ce qui concerne les droits seigneuriaux, tous les tenanciers de la baronnie de Mornac, suivant le manuscrit déjà cité, devaient le *treizain des sels des marais, excepté les prises où le seigneur n'a que la dîme, qui est le dix-huitain des fruits.*

« Le particulier est toujours maître de vendre son sel, quand bon lui semble ; mais, sitôt qu'il l'a vendu et touché le prix, il doit en payer le droit au seigneur. Il n'est pas d'usage que le seigneur prenne ses droits de coutume de sel en sel, mais toujours en argent, c'est-à-dire que ceux qui sont au treizain, de treize muids, il y en a un pour le seigneur, que le particulier lui paye selon le prix qu'il l'a vendu. Ceux qui sont au dix-huitain ou au ving-et-unain, il n'en revient au seigneur que sa dix-huitième ou vingt-unième, selon à quel droit la prise est sujette. »

« Il est à remarquer qu'il y a des marais qui sont en bien meilleure charge les uns que les autres, c'est-à-dire qui sont plus éloignés de la rivière ou des chenaux, et, par conséquent, il en coûte plus pour les charrois de sel, mais, quelque prix qu'il en coûte aux particuliers, il n'en coûte jamais plus de dix sols par muid au seigneur. C'est réglé par maintes baillettes. »

Le mot dîme n'entraîne donc pas avec lui l'idée du dixième, mais seulement d'une redevance, plus souvent en argent qu'en nature, représentant quelquefois le dixième, mais plus souvent le treizième, le dix-huitième ou le vingt et unième de la récolte. Cette redevance ne se payait qu'après la vente des denrées, aussi était-elle moins vexatoire que dans les contrées où le seigneur prenait ses droits en nature.

Les droits seigneuriaux, rachetés par la paroisse de Dercie, s'élevaient, en 1691, suivant le mémoire de Bégon (*Archives historiques*, t. II, p. 99), à 570 livres. Ils étaient payés à Louis Guinot, chevalier, seigneur de Dercie, marié à Charlotte de Saint-Matthieu.

Le seigneur de Dercie avait dû prétendre à certains droits sur les marchandises entrant dans le port de Dercie, car, en 1741, la Commission maritime de l'Amirauté de Marennes rend un jugement interdisant à François Guinot, écuyer, seigneur de Dercie, de percevoir « aucuns droits sur les marchandises entrant dans le port de Dercie ».

CHAPITRE III

Les Seigneurs de Dercie avant 1579
Les Burlé — Les Campet

Malgré des recherches très consciencieuses, il nous a été impossible de démêler l'histoire du château de Dercie, pendant le moyen âge, ni de savoir quels en furent alors les possesseurs, bien qu'il soit hors de doute que le manoir existât à cette époque. Cependant, au XIIe siècle, nous trouvons, mais sans indication précise, Benoît de Dercie (Benedictus Darceia), qui est témoin à un bail à rente d'un moulin, bail passé entre Robert, prieur de Saint-Nicolas de Mornac, et Hélie, fils de Jean Martin. (*Arch. hist.*, t. XIX, p. 35.)

Ce n'est qu'à partir du XVIe siècle que l'on peut établir une succession presque ininterrompue.

En 1510, François de Burlé, écuyer, est qualifié sieur de Dercie et de Brésillas par M. Jouan, dans sa monographie d'Arces.

François appartenait sans doute à cette famille de Burlé, d'origine anglaise (Armes : *D'or à deux croix raccourcies de gueules mises l'une sur l'autre*),

2

dont l'un des membres les plus connus fut Simon Burleigh, *alias* de Burlé, seigneur de Broue, qui joua dans la contrée un rôle très actif, pendant la première période de la guerre de Cent Ans, et, plus particulièrement, lors de la prise du donjon de Broue sur les Anglais par les Français, au mois d'août 1372. (Voir, à ce sujet, *Saint-Sornin, Nieulle, Broue*, par MM. l'abbé C. Gelézeau et E. Tauzin.)

Quoiqu'il en soit, nous rencontrons plus tard Samuel-Eusèbe de Campet, baron de Saujon, veuf de Claude de Comminge, en 1595, et fils de Denis de Campet et de Bertrande de Burlé, dame de Dercie, de Ribérou, du Chay et de la baronnie de Saujon, qu'elle avait apportée à son mari.

Eusèbe de Campet se maria, en secondes noces, à Marthe de Viau de Champlivant, fille de René de Viau, seigneur de Champlivant et de l'Étang, reçu chevalier de l'ordre du Saint-Esprit, cette même année, capitaine de cinquante hommes d'armes, gouverneur d'Auxerre, et d'Anne de Barbançon. De ce second mariage naquit Diane de Campet, femme de Jacques de Beauveau, marquis de Rivau, père de René-François, archevêque de Narbonne. Campet mourut en 1640, ayant dissipé dans sa jeunesse la majeure partie de ses revenus. (Tallemant des Réaux, *Historiettes*, III, 466 ; IV, 170 ; VI, 275 ; VII, 358 ; — Rainguet, *Biographie saintongeaise*, art. Saujon ; et Anselme, IX, 116.)

Les armes des Campet sont : *D'azur, à la fasce*

d'argent, accompagnée d'un croissant de même en chef et d'une coquille aussi d'argent en pointe.

Bertrande de Burlé, épouse de Denis de Campet, dut être unie, en premières noces, à François de Burlé, dont il est parlé dans la monographie d'Arces. Après la mort de son mari, il est présumable qu'elle contracta un second mariage avec Denis de Campet, dont Eusèbe. Toutefois, des enfants durent naître de son premier mariage.

Un « Extraict des registres de la recherche de la noblesse de la généralité de Limoges, faicte par Daguesseau, intendant, commissaire de Sa Majesté pour cet effet en la ditte généralité », complète nos données sur la famille Burlé, à Dercie. Le 21 novembre 1579, Marthe de Burlé, fille de Jehan de Burlé, écuyer, seigneur de Dercie, et de Marguerite de Talleyrand, se marie avec Jacob de Saint-Légier. La généalogie des Saint-Légier nous donnera bientôt Jacob comme seigneur de Dercie par son mariage. Jehan de Burlé serait donc fils de François de Burlé et de dame Bertrande de Burlé.

Relevons également le nom de « Guillaume de Burlé l'aisné, vivant escuyer, seigneur de Dercie », mentionné dans un aveu de la seigneurie de Saint-Seurin-d'Uzet, en décembre 1613, rendu à l'évêque de Saintes par Jean Bretinauld, seigneur de Saint-Seurin. (*Arch. hist.*, t. III, p. 393 et 395.)

La famille de Burlé continua, après la perte de Dercie, à être possessionnée dans le pays, et, en 1681,

Louis de Burlé, écuyer, est seigneur de Chervaise (commune du Gua).

Ne laissons pas ces deux familles des Burlé et des Campet sans dire que Campet de Saujon, seigneur de Dercie, qui avait embrassé les idées nouvelles du Protestantisme avec ardeur, lutta avec non moins d'ardeur, lors des guerres civiles suscitées par la Réforme. En 1574, en compagnie de Pontus de Pons, seigneur de la Caze, de Jean de Rabaine et de Bonnefoy de Bretauville, il prit Pons, Royan, Tonnay-Charente, Talmont, Saint-Jean-d'Angély et Rochefort.

Déjà Dercie, touché par l'impôt de la gabelle, s'était mis en révolte ouverte contre le roi.

« Le roi de France, sachant que les habitants des paroisses révoltées prenaient les armes au son du tocsin, avait donné ordre de transporter toutes les cloches, bâtons d'armes et pièces d'artillerie au château de Royan, et c'est ainsi que du 13 au 20 novembre 1540 on fit les « Inventaires de Royan, en vertu des ordres du roy, par les habitants des paroisses de Breuillet, le Chay, Cozes, Dercie, Mesdis, Meschers, Mornac, Saint-George-de-Didone, Saint-Pallais, Saint-Sulpice, Saujon, Semussac et Vaux... Plus le XIIIᵉ jour dudit moys (novembre), les habitans de Dercye ont mis et délaissé au chasteau (de Royan) deux cloches moyennes... » (*Arch.*, *hist.* t. Iᵉʳ, p. 148-149.)

CHAPITRE IV

Les Saint-Légier de Dercie (1579-1640)

Jacob (*alias* Jacques) de Saint-Légier, haut et
puissant seigneur de Dercie, du Fief, de l'Isle-Bou-
chard, en partie de Boisrond, de la Montagne, fils
cadet de René de Saint-Légier et de Péronne de
Pradel, fut enseigne de la compagnie de La Trémoille.
En 1593, il se réunit, à Pons, aux autres gentils-
hommes huguenots de la Saintonge, pour députer à
Mantes un représentant des églises réformées à l'Assemblée convoquée dans cette ville après l'abjuration
d'Henri IV. Il avait épousé, par contrat du 21 novembre 1579, Marthe de Burlé, qui lui apporta la seigneurie de Dercie. Jacob de Saint-Légier fit son
testament le 13 juin 1605.

Les armes des Saint-Légier de Dercie sont : *De
gueules, à croix d'argent, chargée d'un filet d'azur
et d'un sautoir de même en abyme, et cantonnée
de quatre fleurs de lys d'or.*

Du mariage de Jacob et de Marthe de Burlé naquirent cinq enfants, dont :

1° René, qui va suivre ;

2° Jacob, chevalier, seigneur du Fief, qui épousa, le 19 mai 1621, demoiselle Claude d'Angliers, fille de haut et puissant seigneur Claude d'Angliers et de dame Françoise de Rogier. Claude d'Angliers donna à son mari les seigneuries de Beauregard, Chaillevette, Fossas.

Un des enfants de ce Jacob de Saint-Légier, Jacob, seigneur baron d'Arvert, seigneur de Beauregard, fit valoir ses titres de noblesse en 1667, titres que Mme la comtesse de Saint-Légier a eu la gracieuse obligeance de nous communiquer.

Dans ces titres, plusieurs documents se rapportent aux Saint-Légier de Dercie.

C'est d'abord le contrat de mariage de « René de Saint-Légier, escuier, seigneur de Boisrond, païs de Xainctonge, homme d'armes de la Compagnie de Monseigneur le duc Domalle, avecque damoiselle Peyronne de Pradel, fille de feu Jacques de Pradel et de damoiselle Marie Datis, seigneur et dame de Montaulin, ses père et mère. Ledict contract de mariage passé soubz le scel et la prévosté Dandelot, le 18 août 1560, signé Gillegain et Rougain, ayant une insignuation au dos signé Roussy. »

René de Saint-Légier, père du seigneur de Dercie, avait eu plusieurs enfants. Son fils aîné, René, hérita du titre de Boisrond, mais seulement en partie, avec le seigneur de Dercie. Le rôle joué par René de Saint-Légier dans les guerres de religion est assez important. C'était un huguenot convaincu, comme en

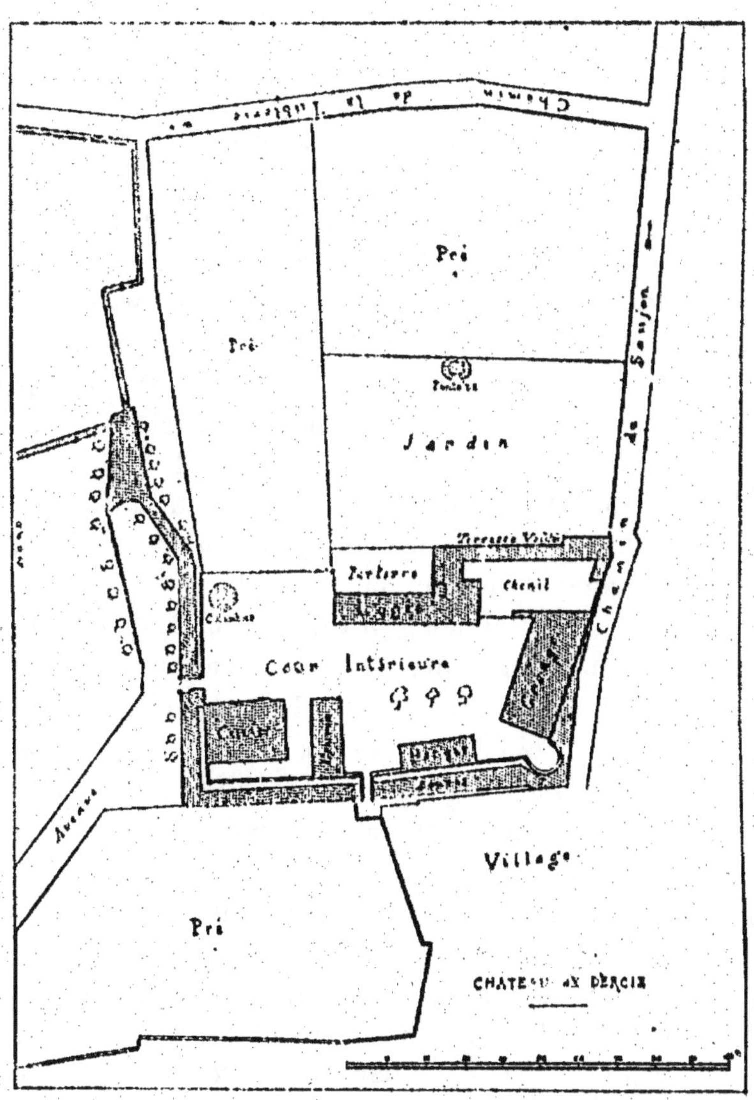

PLAN DU CHATEAU DE DERCIE

témoigne la généalogie des Saint-Légier, imprimée à Versailles, chez Le Cerf.

Le treizième titre fourni comme preuve de noblesse est « ung contrat de mariage de Jacques de Saint-Légier, fils puiné de René de Saint-Légier, escuier, seigneur de Boisrond et de la Montagne, et de damoiselle Perrine de Pradel, ses père et mère, avecque Marthe de Burlé, damoiselle fille unique, naturelle et légitime de Jehan de Burlé, escuier, seigneur d'Arveyres, et de Marguerite de Talleyrand, ses père et mère, tous présans. Ledict contract passé au logis noble de la Montaigne, paroisse de Saint-Ciers, le 21 novembre 1579. Signé F. Musseau, notaire royal. »

Jacques de Saint-Légier passa entre lui et sa femme un contrat de donation mutuelle :

« Le quatorzième (titre) est ung contract de donation mutuelle faicte entre Jacques de Saint-Légier, escuier, et Marthe de Burlé, damoiselle, sa femme, seigneur et dame de Dercie. Ledict contract passé au logis noble de Dercie, en date du 14 mars 1598, ayant l'insignuation y attachée des dicts mois de mars étant signé Blanchard et Roban, commis du greffier. »

Ce fut, nous l'avons dit, le 13 juin 1605 que Jacques de Saint-Légier fit son testament :

« Le quinzième (titre fourni) est ung testament de Jacques de Saint-Légier, escuier, seigneur de Dercie et de Boisrond en partie, par lequel il institue ses enfants et damoiselle Marthe de Burlé, sa femme, ses héritiers, et ce que il donne et lesgue néantmoings, par presciput et advantage, à Jacob de Saint-Légier, son puisné, la somme de trois mil livres. Le testament passé au faux bourg des dames de Xainctes, le 13 juin 1605. Signé, Jannet, notaire et tabellion royal hesredittaire. »

Jacques de Saint-Légier mourut avant le 27 janvier 1607, d'après le contrat de mariage de Jehan de Candellay, seigneur de Gémozac, gouverneur de Royan, et de Magdelaine de Saint-Légier de Dercie. A ce contrat étaient présents : « Guithon de Montlesvrier, seigneur des Touches et du Gagnon; hault et puissant seigneur de Campet, escuier, baron de Saujon ; Charles Guithon de Montlesvrier, escuier, seigneur d'Agonnac, paroisse dudict lieu Dorandelles (pour le seigneur de Candellay), et, pour la ditte de Sainct-Légier, hault et puissant Regné de Sainct-Légier, seigneur de Dercie, du fief de Boisrond en partie, son frère ; haulte et puissante Péronne de Pradel, dame de Boisrond, de Nion, aieulle paternelle d'icelle presparlée ; hault et puissant Villard de Bonnefoy, seigneur de Broteneuilh, et Aymar Champagne, gouverneur pour le roy de la ville de Pons ; Jehan de Bonnefoy, escuier, seigneur de la Tour, et Pharamond-Abraham de Bonnefoy, escuier, seigneur de Nieul, et dicts rallistes et curateurs onoraux de la ditte presparlée ; François du Gua, escuier, seigneur du Boys ; François du Gua, escuier, seigneur de la Rousselière ; Gédéon de Bonnefoy, escuier, seigneur du Mortier. »

« Les susdits seigneur de Candellay et Magdelaine de Saint-Légier aux susdicts advis et conseilhs ont proumis et proumettent se prendre à mary et femme espouze. Toutefois et quantes que l'ung des deulx en requerra l'aultre, les sollempnités de la relligion de Dieu, en l'esglize resformée de France, en sesront religieusement gardées et observées. De laquelle dicte relligion les conjoincts susdits presparlés font profession de suivre. »

Cet acte fut « faict au château de Dercy, après midy, en présence des susdits et en présence de honorable homme Jehan Regard, advocat à la court prézidialle de Bourdeaulx, Anthoine Néraudet, seigneur de Lestang, Jehan Caillé, Jehan La Maison, et plusieurs autres ». C'était le 19 février 1608.

Deux autres filles naquirent du mariage de Jacob de Saint-Légier et de Marthe de Burlé. Comme les registres paroissiaux sont d'une date ultérieure, que les minutes du notaire de Dercie furent brûlées lors de la Révolution, et que les archives des Saint-Légier sont muettes à leur égard, nous ne savons ce qu'elles sont devenues.

.˙.

René de Saint-Légier, Ier du nom dans sa branche, hault et puissant seigneur de Dercie, du Fief, de Boisrond en partie, se maria avec une autre fille de Claude d'Angliers, seigneur de Joubert, de la Sauzaie, de Huré et d'autres lieux, le 31 août 1608, d'après la généalogie des Saint-Légier, et le 30 août 1609, d'après le *Recueil de la Commission des Arts*. Cette alliance apporta à René le château et le fief de la Sauzaie, situés à deux lieues de La Rochelle (1).

René commandait, en 1612, pour le duc de Rohan, la ville et le château de Taillebourg. Il y reçut Mme de La Trémoille, venue de Paris pour revoir son domaine de Taillebourg, et qui fut traitée chez elle par les troupes calvinistes en étrangère de distinction.

Le 31 mars 1608, il assiste au partage des biens de ses père et mère, suivant le seizième titre du document déjà cité :

« Le seizième (titre) est un contract de transaction et partage passé entre René de Saint-Légier, escuier, seigneur de Dercie, tant en son nom que comme ayant les droits de Magdelaine de Sainct-Légier, dame de Gémozac en partie, et Daniel de Vallée, escuier, seigneur de Monsanson (2) et Gibran, au nom et comme curateur de Jacob de Saint-Légier, Marie de Saint-Légier, la jeune, et autre Marie de Saint-Légier, frères et sœurs, au subject des biens à eux deslessés par Jacques de Sainct-Légier, escuier, leur père, le tout conformément au contract nosblement passé par les aieuls, bisaieuls et trisaieuls des parties

____

(1) Voir *Monographie de Saint-Xandre*, par M. E. Tauzin, 1895.

(2) Monsanson était un prieuré-curé. C'est aujourd'hui, comme Dercie, un village de la commune du Gua. Le château appartient à la ville de Marennes.

au proufist de René de Saint-Légier, fils aisné, pour son droict de preslature, maison noble avecque ses appartenances. Ledict contract passé de l'advis et conseil des curateurs, parens et amis des parties, au lieu noble de Dercie, le 30 mars 1608. Signé, J. Thomas, notaire royal, aïant deux advenant dans l'un desquels ledict Jacob de Sainct-Légier et Marie de Sainct-Légier sont qualifiés fils de Jacob de Sainct-Légier et de Marthe de Burlé. »

René était mort en 1614, comme le constate l'inscription relevée sur le fronton d'une porte, dont nous avons déjà parlé. Il eut deux enfants :

1° René II de Saint-Légier, chevalier, haut et puissant seigneur de la Sauzaie, d'Angliers, de Dercie et d'autres places, qui épousa, par contrat du 9 novembre 1640, demoiselle Marie Tizon ;

2° Claude de Saint-Légier, mariée à haut et puissant messire René de Saint-Matthieu, seigneur de Soulignac et de Gibran, à qui elle apporta la terre de Dercie.

CHAPITRE V

Les Saint-Matthieu — Les Guinot (1640-1745)

Le nom patronymique de la première de ces familles, originaire de Pons, était Matthieu. Leur fief comprenait la seigneurie des Touches, dans la paroisse de Villars.

Vincent Matthieu de Saint-Matthieu, juge châtelain de la ville de Pons, vers 1532, et père d'Odet de Matthieu, juge prévostal et conseiller au présidial de Saintes, plus tard conseiller au Parlement de Bordeaux, fut anobli et autorisé à changer son nom patronymique de Matthieu en celui de Saint-Matthieu, par lettres du roi Henri II, datées de Saint-Germain-en-Laye, au mois de novembre 1556. (*Arch. hist.*, t. VI, p. 178.) Vincent Matthieu, sieur de Birac, était en même temps juge de quatre bailliages royaux. Cette famille, outre les Touches, possédait Soulignac, Touchelonge en Marennes, Cadeuil, la Mauvinière (Saint-Sornin), etc. (1).

-----

(1) La maison habitée par M. Moinet, au Gua, très ancienne dans quelques-unes de ses parties, leur aurait appartenu.

Par son mariage avec Claude de Saint-Légier, René de Saint-Matthieu dut devenir seigneur de Dercie.

Une fille, issue de ce mariage, épousa, le 12 mai 1659, haut et puissant chevalier Joachim Guinot, seigneur de Tesson. (Généalogie des Saint-Légier.)

Les Saint-Matthieu portaient : *D'azur, à un lion d'or lampassé de gueules.*

.·.

Entre la noblesse saintongeaise, la famille des Guinot-Monconseil se distinguait au premier rang, au dix-septième siècle ; elle s'est éteinte dans la personne de dame Adélaïde-Félicité de Guinot-Monconseil, épouse de Charles d'Alsace, prince d'Hénin et du Saint-Empire, maréchal de camp, capitaine des gardes du corps du comte d'Artois, mort en 1794.

Les armes des Guinot sont : *D'azur, à trois pals d'argent, au pied fiché et alésé, au chef d'azur soutenu d'argent.*

François, *alias* Louis, Guinot, seigneur de Dercie, mourut avant 1688. Sa veuve, Hippolyte Dexmier, fille de Louis Dexmier de Saint-Simon et de Louise de Livenne, se remaria à Antoine Guinot, seigneur de Boisrond et de Moragne, le 13 juin 1668. Le second mari d'Hippolyte Dexmier se remaria lui-même avec Elisabeth de Saint-Légier, fille de René, seigneur de Boisrond et d'Orignac, et de Madeleine de Barrière.

— Son fils Louis épousa, le 8 octobre 1685, Françoise-Charlotte de Saint-Matthieu et fut convoqué, pour son fief de Dercie, à l'assemblée du ban et de l'arrière-ban de la noblesse, à Saintes, en 1691. Il devait avoir 25 ans. (*Arch. hist.*, t. VI, p. 209.)

Quelque difficile à établir que paraisse la transmission de la seigneurie de Dercie, nous devons dire que, par le mariage d'une fille de Saint-Matthieu, en 1659, avec François Guinot, ceux-ci devinrent possesseurs de Dercie. Cette union fut de courte durée, puisque François Guinot, seigneur de Dercie, décédé avant 1688, se serait remarié à Hippolyte Dexmier.

Un fils, né de son premier mariage, ayant 25 ans en 1691, épousa Françoise-Charlotte de Saint-Matthieu, le 8 octobre 1685.

Il est ainsi facile de concilier la généalogie et les *Archives*, en même temps que nos notes personnelles.

Du mariage de Louis Guinot avec Françoise-Charlotte de Saint-Matthieu naquirent plusieurs enfants :

1º François, né vers 1686 ;

2º Louis, né le 19 mars 1692 ;

3º Charles, né le 4 mai 1698 ;

4º Autre Charles, né le 15 octobre 1699, seigneur de Lugeon et d'Anglicos (?) ;

5º Jean, né le 14 décembre 1700, enterré sous le nom d'Elie, chevalier de Malte, âgé de 10 ans, le 26 novembre 1710 ;

6º Charlotte. Sur la liste d'entrée des Nouvelles-Catholiques de Pons, elle est mentionnée : « Charlotte de Dercie, fille d'un gentilhomme, près de Saujon, 19 avril 1700-22 avril 1700 »; et dans Letelié, p. 245 : « Mlle Charlotte de Dercie, 8 ans, fille de M. de Dercie, gentilhomme, remise à sa mère quatre jours après. »

Nous n'avons pas trouvé l'acte de baptême de cette dernière sur le registre paroissial catholique. Il est présumable que la famille de Saint-Matthieu était protestante, et qu'alors Charlotte aurait été protestante, comme sa mère, tandis que ses frères, catholiques, auraient professé la religion du père. En tout cas, son mariage, le 26 novembre 1711, fut béni à l'église par le curé de Dercie.

« Le 26 novembre 1711, ont reçu la bénédiction nuptiale Messire Gaston Le Roy, seigneur de Martrou, de la paroisse de (*blanc*), et damoiselle Charlotte Guinot, de la présente paroisse. Ont signé : Gaston Le Roy, Charlotte Guinot, Françoise-Charlotte de Saint-Matthieu, François Guinot de Dercie, Marie-Anne de Martin, de Saint-Matthieu, Antoine Leroy, Jean Regnault, et Pain, prieur. »

Louis Guinot ne répondit pas à la convocation de la noblesse, en 1691. Il avait alors 25 ans, et sa terre de Dercie lui donnait 350 livres de revenus. Ce serait davantage, d'après Bégon.

.˙.

A peu près à la même époque que sa sœur, François Guinot, seigneur de Dercie, se maria à Marie-Anne

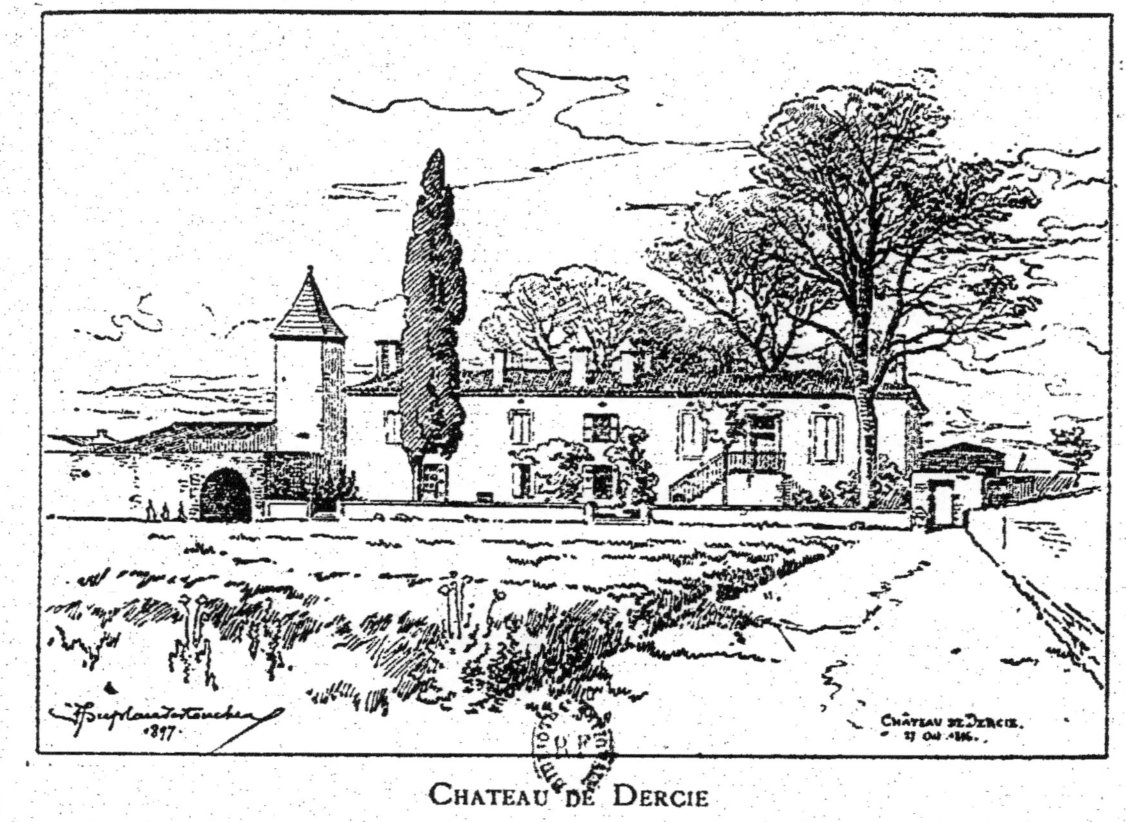

Chateau de Dercie

de Martin de Chateauroy. Il était écuyer, seigneur de Dercie, Boursot, fief Labesse et autres lieux. C'est probablement pour le fief Labesse que François Guinot rendit hommage à Mme de Durfort de Duras.

De ce mariage naquit un grand nombre d'enfants :

1º François, né le 2 juillet 1712, mort le 16 octobre 1721 ;

2º Marie-Charlotte, née le 15 mars 1714, morte le 20 décembre 1743 ;

3º Marie, née le 8 décembre 1715, morte le 17 septembre 1717 ;

4º Magdelaine-Henriette, née le 30 avril 1717, morte le 27 octobre 1718 ;

5º Marguerite-Anne, née le 21 mars 1719, morte le 23 septembre 1721 ;

6º Louise-Charlotte, née le 1er avril 1721 ;

7º Marthe, née le 11 avril 1724 ;

8º Elisabeth, née le 5 juin 1725 ;

9º François, né le 27 juin 1726 ;

10º Charles Guinot de la Chasse, mort le 13 novembre 1745, à l'âge de 10 ans.

Des quatre filles survivantes de ce mariage, nous savons qu'une fille épousa messire Dexmier de Saint-Simon.

Quant à François Guinot, c'est lui qui signe probablement sous le nom de Louis Guinot de Dercie, au baptême de sa nièce.

Avec Mme de Martin de Chateauroy, la religion catholique reprit ses droits au logis de Dercie. C'est probablement sous l'impulsion de la châtelaine que le curé de Dercie fit reconstruire, en 1719, l'église et la sacristie. Les armes des Guinot se trouvent encore au-dessus de la porte principale.

Il était temps, d'ailleurs, que l'impulsion de l'exemple vînt relancer la paroisse de Dercie. C'est ainsi que le curé de Dercie avait compté, en 1710, douze communions pascales; en 1721, ce nombre était tombé à dix.

Mme de Martin avait une de ses sœurs qui fut, pendant quelque temps, supérieure des Filles de Notre-Dame, à Saintes; aussi est-il permis de supposer qu'elle laissa à la paroisse de Dercie un souvenir précieux de sainteté. A défaut d'autres titres, nous avons l'acte de décès : « Le 31 octobre 1749, a été inhumé dans la sépulture ou chapelle du logis de cette paroisse le corps d'honorable Dame Marie-Anne de Martin de Châteauroy, veufve de messire François Guinot, chevalier, seigneur de Dercye, âgée d'environ 61 ans, morte en audeur de sainteté et munie de tous les sacrements, et décédée le 30 du même mois, en présence de plusieurs personnes. Ont signé : Louis-Estienne Desmier d'Archiac de Saint-Simon, Guinot de Dercie de Mauléon (?). »

François Guinot était mort le 2 mars 1744 : « Le 2 mars 1744, a été inhumé dans la chapelle du logis le corps de messire François Guinot, seigneur de Dercie, Boursot, fief Labesse et autres lieux, âgé de 58 ans environ, époux de Marie-Anne de Martin. »

Outre l'église paroissiale, le château avait donc sa chapelle privée, qui servait de sépulture. Rien ne reste aujourd'hui de ce monument religieux.

François Guinot, de son côté, s'occupait activement des biens de l'église, comme le prouve « une transaction, portant règlement de donation entre Mre François Guinot, écuyer, chevalier, seigneur de Dercie, Nicolas Garnier, fabriqueur de l'église de Dercie, d'une part, et le s^r Jacques Pain, bourgeois et marchand, Marie Pain, veuve de Pierre Botton, aussi marchand, et Charlotte Pain, sa fille. » (Minutes de Lefranc, étude de Me Moreau, notaire au Gua.)

Le seigneur de Dercie ne négligeait pas non plus ses intérêts matériels. Le 19 février 1731, il passe un bail à rente seigneuriale avec Jeanne Moquet, veuve de Jacques Curaudeau. Puis, ce sont diverses déclarations au papier terrier faites à François Guinot, par François Gaborit, de Sablonceaux, le 20 février 1740 ; le 27 décembre 1740, par Vincent Beaudouin, marchand de Dercie ; les 27 janvier et 20 février 1741, lesquelles déclarations sont suivies de beaucoup d'autres.

Nos lecteurs nous permettront, ici, une digression nécessaire sur la vie religieuse dans la paroisse de Dercie.

L'on sait qu'aux siècles derniers, la vie religieuse et la vie civile étaient intimement liées l'une à l'autre, pour ainsi dire, comme la cause à l'effet. Dans toute paroisse, à côté du seigneur et du syndic, il y avait le curé, le pasteur des âmes, véritable force de cohésion entre les divers éléments de population. Cette digression sera en outre, pour nous, une occasion de faire connaître un incident, et non des moins suggestifs, de la vie paroissiale d'alors.

Le 7 juillet 1741, Dom d'Aubourg, prieur de Saint-Eutrope de Saintes, présente à l'évêque Samuel Boyer de Champvosland, prêtre du diocèse, pour la vicairie perpétuelle de Saint-Pallais-du-Né, vacante par la démission volontaire de Jean-Baptiste Birot, prêtre titulaire. Le lendemain, Samuel Boyer, depuis deux ans curé de Dercie, ayant obtenu visa des vicaires généraux, de Lacoré, official, Marquentin de Closmorin et Bougainville, archidiacres, prend possession de la cure de Saint-Pallais-du-Né. (*Arch. hist.*, t. III, p. 178.)

Messire Dubois fut désigné comme successeur de Boyer de Champvosland.

Voici l'acte notarial de sa prise de possession :

« Aujourd'hui, vingt-septième de mai mil sept cent quarante-un, après midy, par devant le notaire royal et apostolique en Saintonge, soussigné, et présents les témoins basnommés, a comparu en présence Mre Philippe Dubois, prêtre du diocèse d'Angoulême, desservant, en qualité de vicaire, de la paroisse de Chepniers, du présent diocèse de Saintes, y demeurant, lequel a dit et exposé qu'il a esté nommé et présenté par Mre Guillaume-Augustin de Fournat de Tayat, prieur-seigneur commandataire du prieuré de Sainte-Gemme, et, à cette qualité, à la cure et bénéfice de Saint-Pierre de Dercie, comme patron de ladite cure et bénéfice, par acte passé devant Bernard, notaire royal en Guienne, à Bourg, daté du vingt-trois de ce mois, contrôlé à Bourg, le vingt-trois du même mois, par Dubeau, sur laquelle présentation et nomination, il a obtenu son visa de Monseigneur et Illustrissime et Révérendissime Evesque de Saintes, en datte *die mensis maii vigesimi sexti, anno Domini millesimo septingentesimo quadragesimo primo*, signé *Leo episcopus Santonensis*, et plus bas, *de mandato Illustrissimi et Reverendissimi domini, domini mei Episcopi Santonensis*, La Haye, *secretarium*. En conséquence de quoy, ledit sieur Dubois nous a requis de le mettre en possession réelle et corporelle de ladite cure et bénéfice de Saint-Pierre de Dercie, appartenances et deppendances d'icelles, à quoy inclinant, nous nous sommes transportés à cette... bourg de Dercie, où estant nous... a requis Jean Vinsonneau, sacristain de l'église dudit lieu, de nous en faire l'ouverture, lequel nous a fait réponse que le sieur Boyer, prestre desservant, avait esté en sadite demeure un moment auparavant et estoit saisi des clefs de ladite église, sur l'advis qu'il avait eu que ledit sieur Dubois estant sur les lieux pour en prendre pocession, sur laquelle desclaration nous sommes allez avec ledit sieur prieur et lesdits témoins à la maison curialle à deux différentes fois, où nous avons trouvé les portes fermées, et, après avoir heurté à plusieurs reprises au portail, le valet dudit sieur Boyer fut enfin présent et nous a dit que son maître estoit absent et, lui ayant demandé les clefs de l'église estant dans ladite maison, il nous a répondu que ledit sieur Boyer les avoit dans ses poches et ensuitte a reffermé la porte sur luy, ce qui nous a obligé de nous transporter au-devant de ladite église avec ledit sieur Dubois et lesdits témoins, où estant, après lecture faicte à haulte voix desdits actes de nomination et visa, ledit sieur Dubois, en disant qu'il entendoit prendre ladite possession, a fait faire ouverture de la porte de ladite église en faisant lever la serrure par Jean Delhoumeau, charpentier, habitant dudit Dercie, après quoy il est entré avec nous dans ladite église, où, après avoir pris de l'eau bénite, il s'est avancé jusqu'à l'autel où il a fait sa prière, ensuitte a ouvert le tabernacle et touché les vases sacrés, a leu dans le Missel à haulte voix, de là est passé dans la sacristie où il a touché aussi les vases sacrés qui se sont trouvez dans une armoire, a veu et visitté les ornements, et, estant rentré dans l'église, il a touché les murailles et stalles, a sonné la cloche, a esté visiter les fonts baptismaux, en disant d'abondant qu'il prenoit ladite possession, et, estant sorti de l'église, il s'est promené dans le cimetière, y

a jetté des pierres d'un endroit à l'autre, remué
de la terre et arraché des herbes, a fait, estant
retournez de nouveau à ladite maison presbitérale,
ledit sieur Dubois a heurté au portail qui s'est
trouvez fermé comme aux deux premières fois et a
requis à plusieurs fois ledit sieur Boyer de luy
en faire l'ouverture, à quoy, n'ayant tenu compte de
le satisfaire, sommes passez dans le pré deppendant
de ladite cure et monté dans le jardin où ledit
sieur Dubois a pareillement arraché des herbes,
remué de la terre et rompu des branches d'arbres,
a fermé et ouvert les contrevents de la croisée qui
ouvre dans ledit jardin, et, après avoir heurté à la
porte qui communique dudit jardin dans la basse-
cour, sans avoir pu obliger le valet dudit sieur
Boyer, que nous y avons aperçu, de nous en faire
l'ouverture, nous sommes de rechef passez au-devant
du portail de ladite basse-cour, auquel ledit sieur
Dubois a encore heurté avec réquisitions réitérées
d'en faire l'ouverture, à quoy ledit sieur Boyer ni
son valet n'ayant voulu entendre, ledit sieur Dubois
a déclaré à haulte voix qu'il prenoit la pocession
réelle, actuelle et corporelle de ladite maison, appartenances et deppendances, tout aussy que s'il en
estoit entré, avec protestation que le refus d'en
faire l'ouverture, de la part dudit sieur Boyer, ne
pourra estre tiré à conséquence ni luy préjudicier
en aucune façon, tous lesdits actes possessoires
aussi faits en présence desdits témoins et de tous

les habitants quy l'ont voulu voir et scavoir, sans que personne y ait apporté aucun trouble ni empêchement, dont et de quoy ledit sieur Dubois nous a requis acte que nous lui avons octroyé pour lui valoir et servir et ainsi que de raison. Fait et arresté, lieu public, au-devant de ladite église, en présence de Mᵉ Jean Giraudeau, sergent royal, demeurant au bourg du Gua, et de François Betizeau, domestique, demeurant au bourg de Dercie, témoins reconnus et requis, ledit Betizeau a déclaré ne savoir signé, de cela requis, comme aussi en présence de Mʳᵉ François Guinot, chevallier seigneur dudit Dercie, dudit Jean Delhoumeau, charpentier, dudit Jean Vinsonneau, sacristain, Nicolas Graveau, sargier, et Jean Gannereau, employé dans les fermes du Roy, et Michel Réveillaud, laboureur à bœufs, tous habitans de Dercie, qui ont signé avec ledit sieur Dubois, ledit Giraudeau et nous dit notaire. » (Suivent les signatures.)

Cette prise de possession ressemblait fort, on le voit, à une prise d'assaut. Décidément, Boyer de Champvosland se cramponnait à sa cure de Dercie, et ce ne fut pas sans peine que son successeur put devenir paisible propriétaire de son nouveau bénéfice. Le pastorat de Dubois n'en fut pourtant pas moins fructueux.

Mais reprenons l'historique, un instant interrompu, des châtelains de Dercie.

CHAPITRE VI

Les Dexmier de Saint-Simon (1745-1793)

« Le ... février 1745, j'ay imparti la bénédiction...
à messire Jean Dexmier de Saint-Simon, chevalier de
l'ordre militaire de Saint-Louis, major du régiment
de Tresnel, colonel d'infanterie, fils légitime de messire Louis Dexmier de Saint-Simon, brigadier des
armes du Roy, et de Henriette Ferran, de la paroisse
de Saint-Simon, et à damoiselle Marthe Guinot de
Derçye, fille légitime de feu François Guignot et de
dame Marie-Anne de Martin de Chateauroy. »

C'est ce mariage, béni par Dubois, prieur-curé de
Dercie, qui venait donner un nouveau seigneur au
château.

Les Dexmier de Saint-Simon tirent leur nom de
noblesse de la paroisse de Saint-Simon-de-Pelouaille,
qui, d'après Bégon, leur était abonnée pour 950 livres.
(*Arch. hist.*, t. II, p. 125.) Leurs armoiries sont :
*Écartelé, d'azur et d'argent à quatre fleurs de lys
de l'un dans l'autre.*

Des alliances avaient déjà été contractées entre les
Guinot et les Dexmier de Saint-Simon.

François-Alexandre Dexmier de Saint-Simon, aïeul du seigneur de Dercie, mort en 1707, avait épousé Marie d'Archiac. Son frère se qualifiait seigneur du Chastenet, paroisse de Rétaux. (*Arch. hist.*, t. II, p. 112.)

C'est maître Lefranc, notaire au Gua, qui reçut, le 14 février 1745, le contrat de mariage de messire Jean Dexmier d'Archiac, seigneur de Saint-Simon, avec demoiselle Marthe Guinot, demeurant à Dercie. La constitution dudit sieur de Saint-Simon était de douze mille livres, et celle de la demoiselle Guinot de tous ses droits non évalués.

Au contrat signe demoiselle Henriette Guinot de Monconseil, « sœur utérine » de Dexmier de Saint-Simon. Il n'y a donc pas de doute : Marie-Marguerite Ferrand, mariée à Antoine Guinot, sieur de Monconseil, contracta un nouveau mariage avec Jean Dexmier d'Archiac de Saint-Simon, fils de François-Alexandre Dexmier de Saint-Simon et de Marie d'Archiac.

Voici, d'ailleurs, une partie du contrat précité :

« Sachent tous présents et futurs, qu'aujourd'huy, quatorze février mil sept cent quarante-cinq, après midy, par devant le notaire royal en Saintonge soussigné, présents les témoins basnommés, a esté traité le mariage parlé à faire et qui au plaisir de Dieu s'accomplira, entre Mre Jean Dexmier d'Archiac, écuyer, seigneur de Saint-Simon, chevallier de l'ordre millitaire de Saint-Louis, colonel d'infanterie et major

du régiment de Tresnel, fils légitime de Mre Louis
Dexmier d'Archiac, marquis, seigneur de Saint-
Simon et autres lieux, brigadier des armées du Roy,
aussi chevallier de l'ordre militaire de Saint-Louis,
et de Jane-Marguerite Ferrand, demeurant au château dudit Saint-Simon, paroisse dudit lieu, d'une
part ; et Demoiselle Marthe Guinot, fille légitime de
défunt Mre François Guinot, écuyer, seigneur de
Dercie, Boursot, fief Labesse et autres lieux, et de
dame Marie-Anne de Martin de Chateauroy, demeurant au château dudit Dercie, paroisse dudit lieu,
d'autre part ; les pactes, accords et conventions
duquel futur mariage sont tels que lesdits seigneur,
demoiselle, futurs époux, de leurs bonnes et libres
volontés, et proceddant sous l'autorité, consentement,
avis et conseil, savoir, ledit seigneur futur époux,
desdits seigneur marquis de Saint-Simon et dame
Ferrand, ses père et mère, demoiselle Marguerite-
Françoise Dexmier de Saint-Simon, sa sœur germaine, demoiselle Henriette Guinot de Monconseil,
sa sœur utérine ; et, de la part de ladite demoiselle
future épouse, de ladite dame de Martin de Chateauroy, sa mère et sa tutrice et curatrice, Mre Charles-
Elie Guinot, écuyer, seigneur de Lugeon et d'Anglicos,
et Mre Louis Guinot, écuyer, ses oncles paternels,
M^res Louis, Charles et Pierre Guinot, ses cousins
germains, demoiselle Julie-Gabrielle Guinot, sa cou-
sine germaine, Mre Paul-Sidrach de Saint-Matthieu,
écuyer, seigneur des Touches et de la Traverserie,

son oncle à la mode de Bretagne, Mre Charles Guinot,
écuyer, sieur de la Chasse, son cousin troisième,
Mre Charles Guinot, écuyer, seigneur de Rabaine,
aussy son cousin troisième, et autres, leurs parents
et amis, tous, à ces présentes et pour cet effet convoqués et assemblés, ont promis et promettent par ces
présentes de soy prendre l'un l'autre à foy et loy de
mariage, femme, mary et légitimes époux, lorsque
l'un par l'autre en sera requis ou l'en fera requérir,
en faveur duquel futur mariage lesdits seigneur
marquis de Saint-Simon et dame de Ferrand, con-
joints, présents et duement establis en droit, devant
nous, dit notaire royal et témoins, ont conjointement
et solidairement constitué audit seigneur futur époux,
leur fils, ladite dame de Ferrand à cet effet autorisée
du seigneur marquis de Saint-Simon, son mary,
savoir : en la somme de douze mille livres, pour la
prendre et lesser après leur décès, et non plutost, à
imputer et valloir sur les biens et droits qui lui pourront écheoir, provenant de leur succession, et jusqu'à
ce, sans intérêts de convention expresse ; et, en même
faveur dudit futur mariage, ladite dame de Martin,
en ladite qualité de mère tutrice de ladite demoiselle
future épouse, aussi présente devant nous, dit notaire
et témoins, a aussi constitué et délaissé à icelle
demoiselle future épouze tous les biens et droits, noms,
maison et actions et droits d'actions rescendant et
rescisoire qui luy sont échus par le décès dudit
seigneur de Dercie, son père, se réservant toutefois

ladite Dame sur lesdits biens son douaire, suivant la
coutume. Ensemble la moitié des acquêts qui ont été

PORTE ET TERRASSE

faicts pendant sa communauté avec ledit feu seigneur
de Dercie, et les droits qu'elle luy a conférés, pour

être le tout préalablement distrait et prélevé en sa
faveur, comme aussi se réserve ladite dame son loge-
ment dans le château dudit Dercie, aussy qu'il
convient à sa qualité.....

» Fait et passé audit château de Dercie, en présence
de Antoine Faure, écuyer, sieur de Moulièvre, et de
Pierre Mauroux, domestique, demeurant audit Dercie, témoins connus et requis, ledit Mauroux a déclaré
ne savoir signer, de ce enquis et interpellé. »

Ont signé : Jean Dexmier de Saint-Simon, Guinot
de Dercie, Louis Dexmier d'Archiac de Saint-Simon,
Guinot de Monconseil, Charles Guinot, Louis Guinot,
M. Ferrand, Marie-Anne de Martin, Mre de Saint-
Simon, J. Guinot, Saint-Matthieu des Touches,
Charles Guinot, Charles Guinot de Rabaine, de Mou-
lièvre, Lefranc, notaire.

Jean-Louis Dexmier, comte de Saint-Simon, lieute-
nant général, inspecteur général des canonniers
gardes-côtes du Poitou, Aunis et Saintonge, chevalier
de Saint-Louis, seigneur de Dercie, aurait eu deux
frères, qualifiés comtes d'Archiac : 1º Marie-Louis-
Estienne, marié, en 1750, à Claudine-Jacqueline
Hudelotte de Précigny, dont plusieurs enfants et
l'héroïne de Sainte-Amaranthe, maîtresse de Saint-
Just, qui mourut sur l'échafaud dix jours seulement
avant la chute de Robespierre ; 2º Louis-Etienne,
colonel du régiment d'Archiac, marié, en 1748, à
Marie d'Anthés. (Note de Th. de Bremond d'Ars.
Arch. hist., t. VII, p. 437.)

Quelque temps après leur mariage, les jeunes époux donnent procuration pleine et entière à la dame douairière de Dercie d'administrer leurs biens. Cette procuration, reçue par M⁰ Lefranc, est datée du 20 mars 1745, et, le 2 novembre suivant, Mme de Martin passe un bail de métairie.

Dexmier de Saint-Simon assista, comme parrain, au baptême de la cloche de Sablonceaux, avec sa belle-mère, comme marraine.

C'est alors que le curé Dubois, dont l'arrivée à Dercie avait été si fertile en incidents, faisait procéder, dans sa paroisse, à des réparations de toutes sortes.

Dubois, d'ailleurs, a eu soin de laisser le mémoire de ces travaux en les consignant dans des notes conservées aux registres paroissiaux.

« Aujourd'hui, vingt d'aoust de la présente année 1749, tâchant de procurer tout le bien et l'aventage qu'il m'est possible à mes successeurs, messieurs les curés de Dercy et qui viendront après moy, comme à des héritiers ou à de propres enfans et juront qu'ils priront Dieu pour le repaus de mon âme, après avoir pein le tableau du patron et le rétable de l'autel, avoir eu un tabernacle honète, fait faire une chaire, fait finir de paver l'église, enfin fait faire bien des réparations à l'église, j'ay fait faire un degré ou épailler solide et nécessaire, pour pratiquer les greniers du vieux prexbitaire, et un petit arpent, où est l'emplacement d'un petit fourt où la cheminée se trouve toute montée, lequel se peut faire quand on jugera à propos, à peu de frais. Notta. Ce susdit jour et an, j'ay fait passer en faveur de nos curez de Dercy un contrat d'acquisition pour le presbitaire, où ils se trouvaient trop à l'étroit pour loger leur denrée, d'une maison du nommé Pierre Charron avec ses dépendances, consistant en un jardin joignant au presbitaire, confrontant du cauté du nord au pré de la cure, du cauté du midy au chemin de Dercy à Monsanson, et à l'occident au petit jardin des héritiers du feu Curaudeau et d'une motte au-delà qui joint le champ de la seigneurie, laquelle acquisition a coûté 200 livres, à laquelle somme ont été employés les 100 livres qui étaient de reste de la succession de feu Michel Pain, curé de Dercy (1), dont ses héritiers payaient la rente, moyennant six messes tous les ans, laquelle somme ils ont amorti par là, et, comme les susdites messes n'étaient fondées que par ses parans, en attendant qu'ils se libéraient de cette somme en l'employant en un placement uttile et nécessaire à la cure, on fera ce que l'on pourra pour être aussi déchargé de ces messes ; les 100 autres livres ont été fourni des deniers de moy Philippe Dubois, à présent curé, moyennant que Messieurs les Curez de Dercy, mes successeurs, acquitteront, dans le

____

(1) Plus tard, curé de Marennes.

courant de chaque année, cinq messes pour le repaus de mon âme, de laquelle charge de cinq messes ils pourront se libérer en employant ladite somme de 100 livres en une fois au profit de la fabrique de notre église Saint-Pierre de Dercy. Le notaire qui a passé le contrat est le sieur Lefranc, habitant au Gua, et juge de Dercy. »

Nous avons, en effet, trouvé la minute à la date du 20 août 1749.

Le document continue : « J'ay fait ouvrir le salon par une porte esgalle à celle de l'entrée, pour y communiquer, fait une aire que j'ai fait renfermé, et, m'estant aperçu ensuite que, pour aller attacher et rattacher la corde de la cloche au campagnier qui est sur le milieu de l'église, cela faisait plusieurs gouttières dans l'église, qui la rendaient humide et malsaine, en sorte que les ornements se gâtaient et pourrissaient, n'ayant pu obtenir l'ouverture de l'an-sienne porte du clocher, qui se trouve dans le ban du seigneur, je l'ai faitte faire dans la neffe par un petit conduit que j'ay jugé à propos pour le bien et la paix et... depuis excepté 6 livres qu'a donné le seigneur de Dercy, voulant de toutes mes forces et attachant que le clocher soit rétabli et recouvert nécessairement pour y loger la cloche. »

Ces notes renferment d'autres détails sur le pres-bytère : une porte vitrée, fermant à clef, et à double vantail, y donnait accès.

Le factum de Dubois se termine en 1753. Une

main étrangère y a ajouté « qu'il était disparu » et de « prier Dieu pour lui ».

.·.

Letelié (*Ronce-les-Bains*, p. 205) insinue que trois enfants seulement seraient nés du mariage de Dexmier de Saint-Simon avec Marthe Guinot : 1º Etienne-Louis-Marie, chevalier de Malte ; 2º Louis-François, seigneur de Dercie, chevalier de Malte ; 3º N... (Bauchet-Filleau).

Mais les registres paroissiaux nous en donnent davantage :

1º Louise-Julie-Marthe, née le 6 mars 1751 ;

2º Michel-Jean-Pierre, né le 29 septembre 1751 ;

3º Rose-Julie, née le 7 août 1757 ;

4º Marguerite-Charlotte, née le 19 janvier 1760 ;

5º Etienne-Louis-Marie, né le 3 juin 1761 ;

6º Louis-Jean, né le 29 septembre 1764.

Quelques jours après la naissance de ce dernier enfant, le 3 octobre 1764, était « inhumée dans la chapelle du logis le corps de dame Marthe Guinot, épouse de messire Jean Dexmier, décédée (la veille) dans la participation des sacrements, âgée de 40 ans et quelques mois ».

Dexmier de Saint-Simon abandonna le logis après la mort de sa femme et, à partir de cette époque, il n'est plus question ni de lui ni des siens dans aucun des registres d'état civil. Il passe, en outre, trois baux de métairie, en 1750, 1751, 1752.

Plus tard, intervient une transaction entre le seigneur de Dercie et les habitants de la paroisse, représentés par leur syndic. C'était à l'époque où l'intendant de Reverseaux songeait au dessèchement des marais de Brouage et de la Seudre. En ce qui concernait Dercie, cent cinquante journaux de marais communaux devenaient, par le fait même, difficiles à exploiter. Les biens communaux étaient des terrains appartenant en usufruit à la communauté, à la collectivité, et où chacun avait le droit de pacager. Ils étaient quittes de tous droits, sauf celui de deux sols et demi par famille, payé au seigneur.

Un accord, réglant définitivement les droits respectifs des parties, fut alors passé entre le seigneur de Saint-Simon de Dercie, d'une part, et les habitants de Dercie, de l'autre. Ces diverses pièces de procédure, que nous avons entre les mains, sont très intéressantes. Dexmier de Saint-Simon cède la propriété de la moitié des biens communaux, se réservant les seuls droits seigneuriaux, tandis que, de leur côté, les habitants de Dercie abandonnent l'usufruit qu'ils avaient sur l'autre moitié. C'est dire qu'en abandonnant l'usufruit sur la moitié des biens communaux, les habitants obtenaient en toute propriété l'autre moitié de ces biens.

Retiré dans son hôtel de la paroisse Saint-Michel de Saintes, Dexmier mourut le 6 décembre 1788 et fut enterré dans l'église de sa paroisse.

Et déjà les doctrines subversives de l'école voltairienne et rationaliste avaient fait du chemin. Au travail latent qui s'opérait depuis plusieurs années devait succéder une transformation de la société plus subite, plus mouvementée, plus sanglante : c'est 1789. La Révolution française allait commencer.

Les États-Généraux, convoqués par Louis XVI, devaient se réunir à Versailles, le 5 mai 1789. A cet effet, les trois ordres de la sénéchaussée de Saintonge s'assemblèrent à Saintes pour élire leurs représentants. De la noblesse, comparut à l'assemblée Etienne-Louis-Marie Dexmier de Saint-Simon d'Archiac, né le 3 juin 1761, reçu chevalier de Malte le 13 juin 1762. Fut également convoquée demoiselle Marguerite Dexmier de Saint-Simon d'Archiac, pour son fief de Saint-Sigismond, laquelle se fit représenter par son frère. Dans l'ordre du clergé, le curé Hillairet ne comparut pas à l'assemblée, mais il se fit représenter par messire Marie Gervais, curé de Saint-Pierre-de-Juillers.

On sait la marche rapide des événements. 1789 amena précipitamment 1793. Les réformes lentes, sages et effectives firent place aux excès démagogiques, aux systèmes dangereux, aux utopies malsaines et à la Terreur. La haine des classes devint de la folie et de la barbarie. La royauté abolie, son dernier représentant traîné sur l'échafaud, le clergé et la noblesse, traqués et persécutés, en butte aux mauvais instincts populaires excités par les

tribuns de la Convention et de la Commune, durent
choisir entre l'exil ou la mort, ou se faire jacobins,
sans-culottes et parjures... Le seigneur de Dercie,
comme tant d'autres, prit la route de l'exil.

Ses biens, en vertu d'une loi votée par les Conventionnels, furent confisqués et vendus au profit

BASTION SUD

de la Nation. Voici quelques-uns de ces actes d'expropriation, extraits des procès-verbaux de ventes des
biens nationaux du district de Marennes. (Archives
départementales.)

« Aujourd'hui, huit nivôse de l'an IIe de la République française, une et indivisible (28 décembre

1793), par devant nous, administrateurs du district de Marennes, poursuite et diligence de l'agent provisoire, a été procédé à la vente et adjudication définitive des biens des émigrés, compris dans l'affiche n° 11, sur lesquels, en conformité de l'article 14 du décret du 3 juin 1793, il a été tenu une première enchère, le 20 frimaire dernier. »

(Suivent les conditions de l'adjudication.)

« N° 137. Chapelle de Dercie ; Dexmier, émigré ; Tardy, adjudicataire, 825 livres.

» On a fait lecture du onzième article, formant le 26e lot, consistant en l'ancienne chapelle du ci-devant château de Dercie, estimée 200 livres ; une bougie allumée, l'objet crié, il a été porté à 825 livres par Charron-Aubin ; une bougie allumée, l'objet crié, il a été porté aucune enchère ; le citoyen Tardi, de Dercie, pour lequel le citoyen Charron a été déclaré adjudicataire définitif de ladite chapelle, pour la somme de huit cent vingt-cinq livres, et a signé Aubin Charron ; Lagarosse, George ; Charron père ; J. Meaume fils... »

« N° 138. Maisons et terres de Dercie : Dexmier, émigré ; Caniez, adjudicataire, 43.400 livres.

» Et advenant le neuf nivôse, l'an IIe de la République française, une et indivisible, par suite de la vente des biens de Dexmier, émigré, situés au lieu de Dercie, commune du Gua, il a été, par devant nous, administrateurs du district de Marennes, mis en vente le premier article de la dixième affiche, formant le premier lot de la même affiche, consistant en la maison et bâtiments à l'usage du métayer, four ci-devant banal, mottes à chanvres, jardins, quéreux et aire, contenant cent soixante-six carreaux, la moitié du pré de Dercie, à prendre au couchant, formant neuf journaux, la pièce de terre dite de la Garenne et du Vieux-Clos, compris l'allée au bout du midi, contenant quarante-trois journaux, trente-cinq journaux de marais pacageux, estimé le tout 10.000 livres et ayant appartenu audit Dexmier, situé même commune ; une bougie allumée, l'objet crié, il a été porté à 20.000 livres par Garnier et à 43.100 livres par Caniez, adjudicataire provisoire ; une autre bougie allumée, l'objet crié, il n'a été porté aucune enchère, et, sur les conclusions de l'agent national, ledit Samuel Caniez, de Marennes, a été déclaré adjudicataire définitif dudit domaine ci-dessus énoncé, pour la somme de 43.400 livres, aux clauses et conditions expliquées de l'autre part... ». (Suivent les signatures.)

« N° 141. 15 journaux de terre à Dercie : Dexmier, émigré ; Caniez, adjudicataire, 4.300 livres.

» On est ensuite passé au quatrième article, formant ce quatrième lot, consistant en quinze journaux cinquante carreaux de ladite prise des Fonteneau, joignant la grande route de Rochefort, estimés quinze cents livres et ayant appartenu audit Dexmier, émigré ; une bougie allumée, l'objet a été porté à 2.500 livres par Dubois, à 4.300 livres par Caniez, adjudicataire provisoire ; une bougie allumée, l'objet crié, il n'a été fait aucune enchère, et, sur les conclusions de l'agent national, ledit Samuel Caniez a été déclaré adjudicataire définitif dudit objet, pour la somme de quatre mille trois cents livres, aux clauses et conditions ci-dessus énoncées... » (Suivent les signatures.)

« Le ci-devant château de Dercie : Dexmier, émigré ; Caniez, adjudicataire, 30.600 livres.

» On est ensuite passé au deuxième article, formant le deuxième lot, consistant en le ci-devant château de Dercie, bâtiments et jardins, contenant six journaux, la moitié du grand pré, formant neuf journaux à prendre au levant, trente-neuf journaux de terre dans une pièce, le pré de Portal, contenant treize journaux, et, sur la représentation des habitants de la commune du Gua, section de Dercie, que les trente-huit journaux de marais pacageux, faisant ledit deuxième lot, leur appartiennent, ce que le fermier a déclaré véritable, il a été sursis à la vente des trente-huit journaux, les objets ci-dessus mentionnés estimés 19.500 livres et ayant appartenu audit Dexmier, émigré ; une bougie allumée, l'objet crié, il a été porté à 20.000 livres par Caniez, à 30.600 par Caniez, adjudicataire provisoire ; une bougie allumée, l'objet crié, il n'a été porté aucune enchère, et, sur les conclusions de l'agent national, ledit Samuel Caniez, de Marennes, a été déclaré adjudicataire définitif dudit domaine, pour ledit prix de trente mille six cents

livres, aux clauses et conditions ci-dessus énoncées... » (Suivent les signatures.)

Enfin « 15 journaux marais pacageux, à Dercie :
Dexmier, émigré ; Caniez, adjudicataire, 3.000 livres.

» On est ensuite passé au troisième article formant
le troisième lot, consistant en quinze journaux cinquante carreaux de marais pacageux, prise des
Fonteneaux, à prendre au levant des prés du portail,
estimé le tout quinze cent cinquante livres et ayant
appartenu audit Dexmier, émigré ; une bougie allumée, l'objet crié, il a été porté à 1.600 livres par
Dubois, à 3.000 livres par Caniez, adjudicataire provisoire ; une autre bougie allumée, l'objet crié, il n'a
été porté aucune enchère, et, sur les conclusions de
l'agent national, ledit Samuel Caniez, de Marennes,
a été déclaré adjudicataire définitif dudit objet, pour
ledit prix de trois mille livres, aux clauses et conditions ci-dessus énoncées... »

Nous avons tenu, à défaut d'aveu, à citer cette
pièce de vente des domaines de Dercie, en 1793, pour
bien montrer l'importance de la seigneurie. Le château, la chapelle et la métairie enlevés, il restait
encore 150 journaux, tant de terres labourables que
de marais gâts. Etant donnée la valeur des marais, à
l'époque de la Révolution, on voit qu'il n'y avait pas
là de quoi exciter la convoitise du peuple. On sait, en
effet, qu'au commencement du siècle, il suffisait d'en-
tourer de fossés une certaine portion de terrains,
dans le marais, pour édifier de grosses fortunes :

car ces propriétés, autrefois dépréciées, sont aujour-
d'hui de grande valeur. En somme, la Nation avait
retiré 80,000 livres environ de la vente des biens de
Dercie.

Après la Révolution, Etienne Dexmier rentra en
France. Dépouillé de ses biens, il embrassa la car-
rière militaire et mourut, en 1826, étant chef d'esca-
dron en retraite. M. de Bremond d'Ars le croit père
du savant géologue, le vicomte d'Archiac.

Une des sœurs de l'ex-seigneur de Dercie, Rose-
Julie, serait l'héroïne de Sainte-Amaranthe. Les
Archives font naître cette dernière, en 1751, à
Saintes, de Marie-Louis-Etienne Dexmier de Saint-
Simon et de Claudine-Jacqueline Hudelotte de Précigny. D'autre part, les registres paroissiaux de Dercie
donnent, à la date du 7 août 1757, la naissance, au
logis de Dercie, de Rose-Julie, fille de Jean Dexmier
d'Archiac et de Marthe Guinot. Et celle-ci ne serait-
elle pas plutôt Mme de Sainte-Amaranthe? Quoiqu'il
en soit, Rose-Julie Dexmier épousa à Saintes, le
5 mars 1782, Emmanuel Horric de la Rochetolay,
seigneur de la Rochetolay, de Préguillac, de Saint-
Antoine-du-Bois, de Chassagne, capitaine des chas-
seurs de Picardie, chevalier de Saint-Louis, émigré,
mort en 1811.

Les Dexmier étaient encore représentés, en 1861,
à Dijon et à Paris, notamment par le vicomte d'Archiac, membre de l'Académie des sciences.

CHAPITRE VII

Dercie depuis 1793

Samuel Caniez, aliénataire du château de Dercie, général de brigade au service de la République, né à Dublin, fils de Jean Caniez et de Madeleine Candé, réfugiés en Irlande, épousa Thérèse-Madeleine Guillet et fut naturalisé français à la Fédération du 14 juillet 1790. Installé maire de Marennes, le 20 messidor an VIII, il décéda dans cette ville, dont il était encore maire, le 27 juillet 1808. Samuel Caniez résidait en France depuis déjà dix ans, et à Marennes depuis le mois d'avril 1787.

Après la mort de Caniez père, la mère, un autre frère et une sœur vinrent habiter Dirée, paroisse de l'île d'Arvert, chez Paul Caniez, leur oncle. Très jeune, et à différentes reprises, le maire de Marennes avait demeuré chez la citoyenne Chataigner, veuve Candé, son aïeule maternelle, qui demeurait aussi à Dirée.

Le 6 thermidor an IV, Guillet et Caniez, beau-père et gendre, sont déclarés adjudicataires de la maison Martin de Bonsonge, à Marennes, pour 12.000 livres.

La vente des biens du seigneur de Dercie avait eu lieu le 28 décembre 1793. Caniez, voyant sans doute quelque profit à retirer, revendait bientôt les propriétés acquises. Par acte passé devant Me Barbotin, notaire, demeurant au Gua, il cède à Me Chobelet, notaire public à Saujon, agissant tant en son nom qu'en celui de Pierre, son père, demeurant en la commune de Saint-Fort, et Jean Chobelet, propriétaire, demeurant à Blénac, commune de Saint-Symphorien, tous les biens provenant de Dexmier, émigré, aux conditions de la vente du 28 décembre 1793, soit à remettre tous les paiements déjà faits à la Nation sur l'adjudication, soit à finir de rembourser à la Nation ce qui lui est dû. Tous les frais étaient à la charge des concessionnaires qui ajoutaient « un (joli) pot-de-vin de 22.500 livres », à payer dans les trois mois à Caniez. Cet acte était passé, le 14 ventôse, an III de la République, soit un an à peine après la vente légale.

Une licitation intervint entre les deux frères, Pierre Chobelet, notaire, et Jean Chobelet, demeurant à Blénac. L'année suivante, le 10 pluviôse, moyennant certaines redevances et l'usufruit de certaines parties du château, pendant deux ans, Pierre Chobelet, notaire, abandonne à son frère toute la propriété de Dercie, tant du château que de la métairie avec les terres qui en dépendent. D'après cette pièce, le château menace ruine. Il se composait alors de plusieurs pièces, « la grande salle du château, le sallon, ainsi que les chambres hautes et basses ayant vue sur la terrasse ».

Jean Chobelet fit restaurer le logis vers 1805 ; mais, d'après le rapport d'expertise de sa succession (3 juin 1823), toutes les réparations n'étaient pas faites. Voici ce que nous lisons au premier article, n° 11 : « Advenant le lendemain, trois juin mil huit cent vingt-trois, sur les dix heures du matin, nous, experts, avons repris l'expertise des biens appartenant auxdits légataires Chobelet, par continuation de notre opération d'hier, étant à Dercie, dans le principal manoir, les sieurs Renaud et Botton présents, nous avons parcouru la maison de maitre, qui n'est pas parachevée, et ensuite tous les autres bâtiments, composés d'une grange ou étable, parcs, hangar, écuries, chenis, greniers au-dessus, qui ont leur entrée par une galerie, brûlerie à côté, cour au milieu, jardin derrière la maison de maitre avec une vieille terrasse, motte dans le nord dudit jardin, appelé du Clône, ensemble une vieille maison de métayer avec ses dépendances hors du principal manoir, la motte murée au-devant et granges entre laditte motte et les douves ; le tout contenant une surface d'un hectare et demi, formant le n° 11 du présent procès-verbal, estimé 8.000 francs. »

Le total de l'estimation de l'expertise, en ce qui regarde seulement le logis de Dercie et les terres qui l'entourent, s'élèvent à 90.000 francs.

Dercie passa ensuite par testament de Chobelet

à N. Tamisier, sa fille naturelle, à ce que l'on rapporte, laquelle épousa Biarnais, de Ronce-les-Bains, près La Tremblade.

Biarnais vendait la propriété, en 1830, à Hector Dumas, dont le fils est encore aujourd'hui possesseur de la Thublerie, autre logis, de la commune de Sablonceaux, voisine de Dercie.

Roy de l'Isle acheta le domaine, vers 1842, et le château demeura dans cette famille jusqu'en décembre 1892.

Dercie est devenu, depuis cette époque, la propriété de M. Sorin, négociant, demeurant au Mortier, en Sablonceaux.

.˙.

Né à Blanzac, M. Sorin sut, par son intelligence des affaires, édifier une belle fortune. La maison de commerce qu'il a fondée est loin de suffire à son activité ; et il a montré, dans l'exploitation de ses diverses propriétés, de véritables talents, en faisant l'application, pour ses terrains, des nouvelles méthodes, quelque coûteuses qu'elles puissent être.

Mais ce qui est plus digne de fixer l'attention, c'est la scrupuleuse exactitude avec laquelle le château, l'enceinte et la terrasse, de plus en plus délabrés, ont été restaurés sur les anciennes données, autant que les circonstances le permettaient.

Aussi l'archéologie et l'architecture sauront-elles gré au propriétaire actuel de l'ancien manoir de

Dercle d'avoir contribué, par la conservation et la restauration du château, au mouvement louable et irrésistible, qui fera l'honneur de ce siècle et qui l'a entraîné à scruter les arcanes du passé, à fouiller les monuments de l'histoire, pour nous faire revivre la vie de nos ancêtres et la donner en exemple aux générations présentes et à venir.

TABLE DES MATIÈRES

—

———

TABLE DES GRAVURES

—